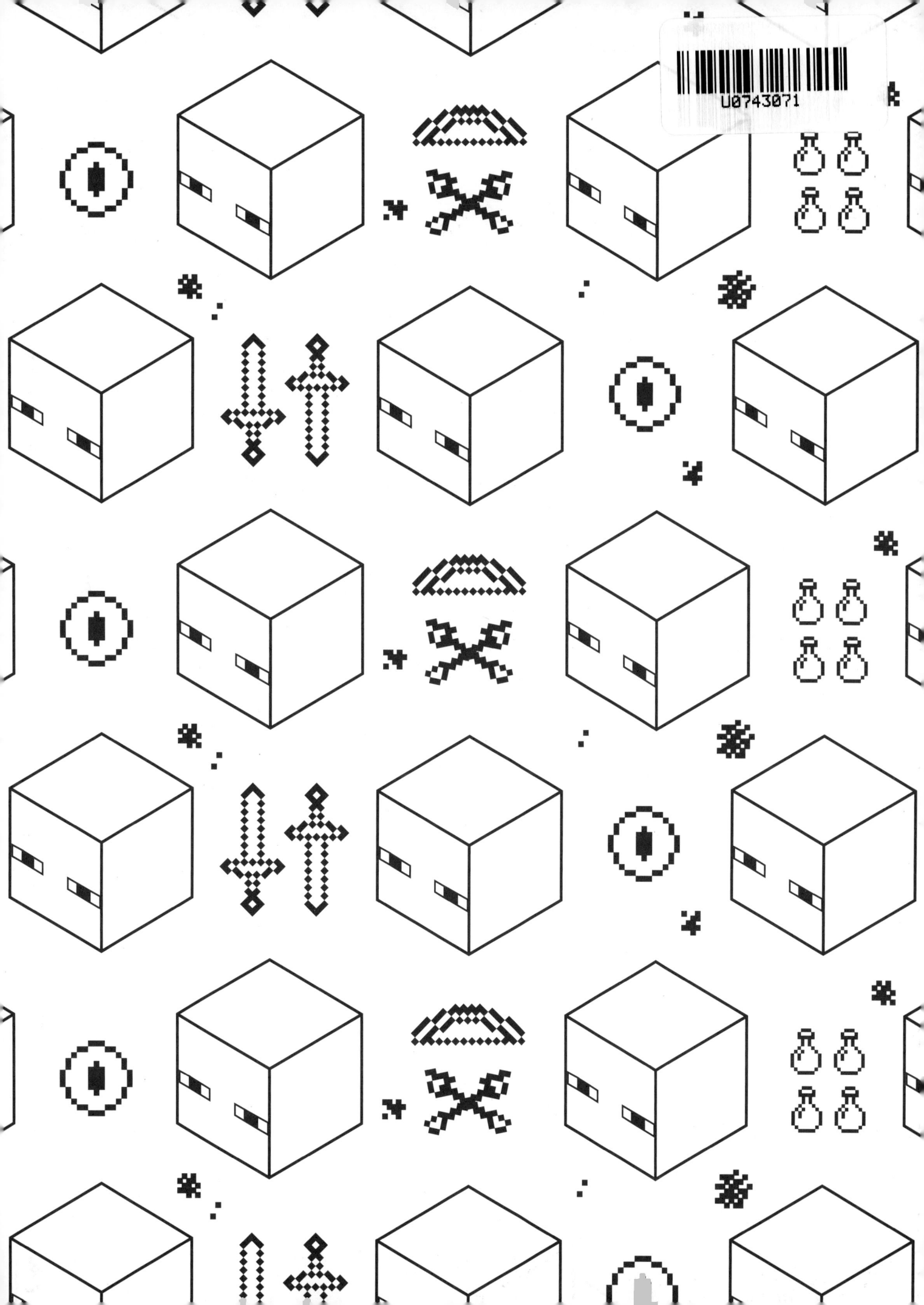

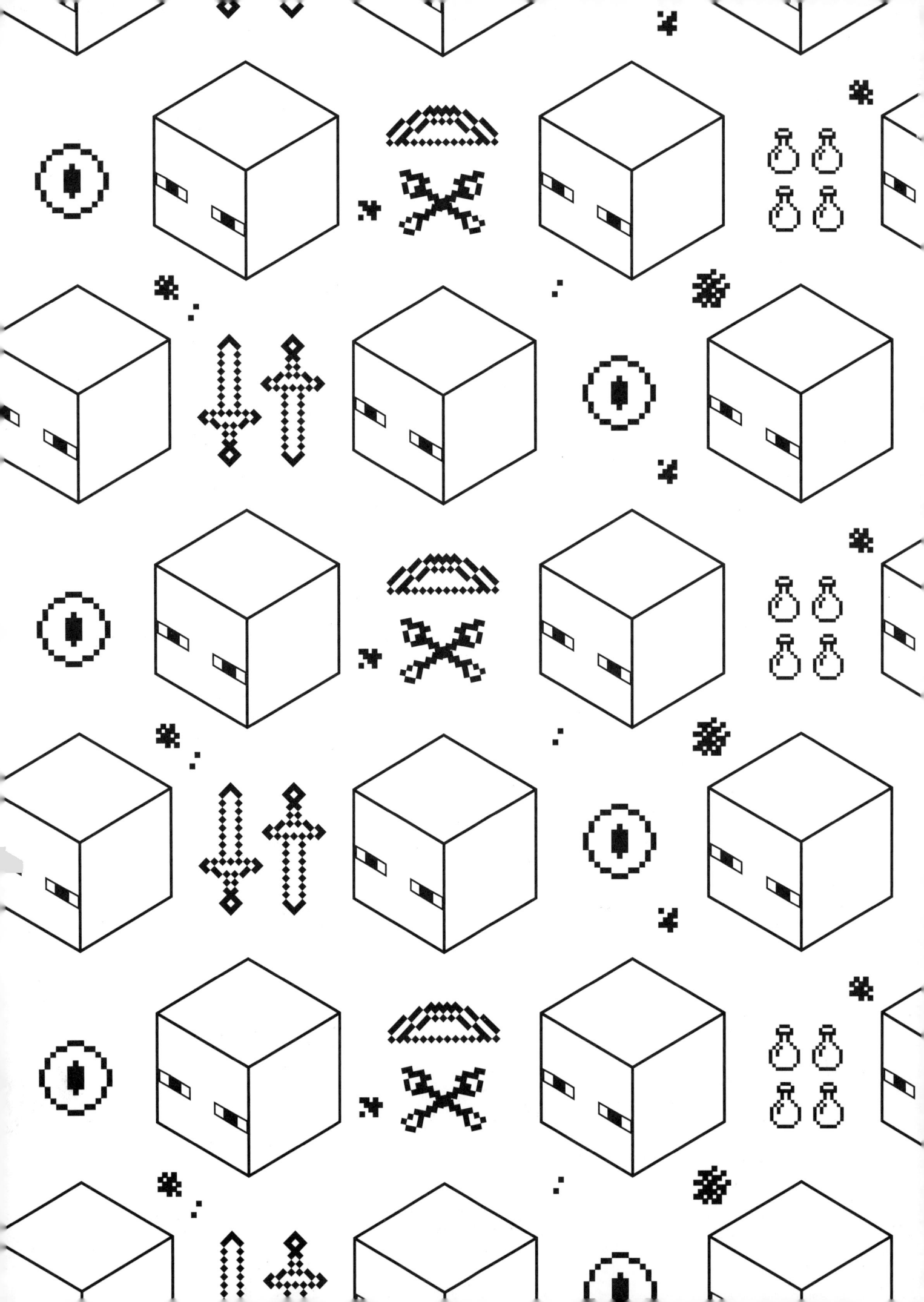

我的世界

MINECRAFT

年鉴 2024

MOJ ANG STUDIOS

官方授权

童趣出版有限公司编译　人民邮电出版社出版

北　京

图书在版编目（ＣＩＰ）数据

我的世界年鉴.2024 /（瑞典）魔赞公司著 ；童趣
出版有限公司编译 ；韦云杰译. -- 北京 ：人民邮电出
版社，2024.4
ISBN 978-7-115-63946-2

Ⅰ．①我… Ⅱ．①魔… ②童… ③韦… Ⅲ．①智力游
戏—少儿读物 Ⅳ．①G898.2

中国国家版本馆CIP数据核字(2024)第053355号

著作权合同登记号 图字：01-2023-5499

译　　　　：韦云杰
责任编辑：何　醒
执行编辑：于鹤云
责任印制：李晓敏
排版制作：北京汉魂图文设计有限公司

编　　译：童趣出版有限公司
出　　版：人民邮电出版社
地　　址：北京市丰台区成寿寺路 11 号邮电出版大厦（100164）
网　　址：www.childrenfun.com.cn

读者热线：010-81054177
经销电话：010-81054120

印　　刷：北京捷迅佳彩印刷有限公司
开　　本：889×1194 1/16
印　　张：4.25
字　　数：90 千字
版　　次：2024 年 4 月第 1 版　2025 年 2 月第 3 次印刷
书　　号：ISBN 978-7-115-63946-2
定　　价：69.00 元

12

15

49

图例

● 寰宇：我的世界

⬢ 挑战

⬢ 活动

⬢ 创造

你好!

欢迎阅读本书! 我们很高兴能回顾这一年发生的所有精彩故事,希望你也一样!

我们的团队一如既往地努力为你打造新的冒险之旅。在"足迹与故事"版本中,我们引入了骆驼、嗅探兽、樱花树林生物群系、考古、竹子等多种内容。我们甚至发布了一套全新的游戏!在《我的世界:传奇》中,你是否与主世界的伙伴携手击败了凶狠的猪灵,拯救了世界呢?

在这本年鉴中,我们将深入讲解以上内容和更多的玩法。我们将与一名友人一起骑骆驼,穿越沙漠,在目的地建造一座真正的"沙堡"——一座砂岩堆砌的要塞!我们甚至还将教会你如何利用新的雕纹书架建造一间带有隐藏门的秘密图书室。

虽然这本书无法再容纳额外的内容,但仍能让你获得充实的体验——你不仅能画一只可爱的羊,创造出你的专属生物,还能跟朋友们一起玩小游戏,看看谁能堆出最高的摩天大楼,奖励获胜者一场焰火秀!千万别忘了欣赏玩家们迄今为止做出的绝妙作品,既有漂亮建筑,也有冒险地图,《我的世界》社区总是灵感四溢。

十分高兴你能和我们一起回顾过去的一年,让我们来一探究竟吧!

魔赞工作室

《我的世界》的一年

努尔带你看世界

哇！已经过去一年了吗？愉快的时光确实如梭似箭！从重大版本更新，到激动人心的合作，《我的世界》妙事频发。让我们一起看看过去一年中发生的各种精彩绝伦的事情吧！

新皮肤
今年，爱丽克斯和史蒂夫拥有了一整套全新皮肤，为玩家提供了许多绝妙的选择。你既可以使用默认皮肤，也可以根据喜好定制款式。你穿过其中一套了吗？

传奇
今年最激动人心的一件事当属全新游戏《我的世界：传奇》发布！这款策略游戏不同于以往任何一款《我的世界》游戏，它拥有完整的故事情节和强劲的敌人。你通关了吗？

"足迹与故事"版本更新
这次更新，游戏中添加了大量全新内容，包括骆驼、嗅探兽、樱花树林生物群系、竹子、盔甲纹饰、考古等！

青蛙大爆发！
自从"荒野"更新之后，有一类呱呱不休的生物被引入了游戏，势如疾风般占据了主世界。你偶遇这些令人惊叹的生物了吗？它们就是呱叫不止的青蛙！

《冰冻星球Ⅱ》

受《冰冻星球Ⅱ》的启发，BBC《地球》和《我的世界》教育版携手创建了一系列主题世界，探索各种生物的生活，了解气候变化对它们的影响。谁说学习不能充满乐趣？

博柏利

《我的世界》还与奢侈品牌博柏利合作，推出了系列主题服装。此外，他们还绘制了一张精彩的全新冒险地图，邀请你来探索以博柏利产品为灵感而构建的4个充满幻想与时尚元素的全新领域。

卡骆驰

《我的世界》与卡骆驰合作推出了全新系列主题鞋。最棒的是什么？你可以为鞋子定制炫酷的Jibbitz鞋扣，包括苦力怕、骷髅头颅、宝箱和草方块！

蝙蝠侠

《我的世界》与DC漫画公司联手创作了一张特别的全新冒险地图，由Noxcrew制作，现已在市场上推出。穿上你的斗篷，戴好面具，投身这场黑暗冒险，从蝙蝠侠的强劲宿敌手中拯救高谭市！绝对好玩儿！

《我的世界》直播

努尔带你看世界

又过了一年，《我的世界》直播充满了令人激奋的新闻和更新内容。不仅有新生物投票，更有首次深度探访《我的世界：传奇》，今年的直播事件绝对不会让你失望。如果你错过了直播，就来看看都有哪些消息吧！

《我的世界：传奇》

在新游戏《我的世界：传奇》发布之前，直播观众拥有了比以往更加深入了解这款游戏的机会，包括一些可爱的新朋友和游戏策略的介绍。你会发现，这款游戏与你曾玩过的任何《我的世界》游戏都如此不同——你会见识一些全新的角色、美丽的风景和有趣的玩法。你玩过这款游戏了吗？更多资讯请见第32页。

"足迹与故事"版本更新

《我的世界》直播首次介绍了"足迹与故事"版本的一些新功能——从骆驼、雕纹书架到悬挂式告示牌和竹子等。更多资讯请见第26页。

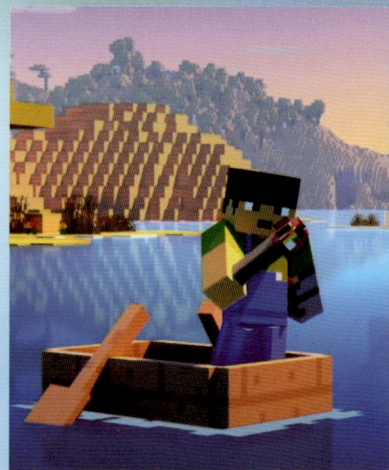

新生物投票

今年摘得"新生物投票"桂冠的是"嗅探兽"！如果你想在游戏中见到这种古生物，那你必须先找到嗅探兽蛋并孵化它。它之所以被称为嗅探兽，是因为它能嗅探到不同寻常的植物种子并将其挖掘出来。酷不酷？

骆驼请走此路

苦力怕请走此路

新皮肤

现有7款新的默认皮肤可在游戏中使用！新皮肤详情请见第12页。

地下城：动物狂欢

《我的世界：地下城》第三季冒险之旅已发布，本季的精彩主题为"宠物"！让我们一起来看看游戏中激动人心的新内容吧！

宠物！宠物！宠物！

如果你喜欢宠物，那么你肯定会喜欢这次的更新。所有的奖励都以宠物为主题，有海龟壳披风、啄击表情和猫猫感应等，还有许多内容能令动物爱好者高兴不已。

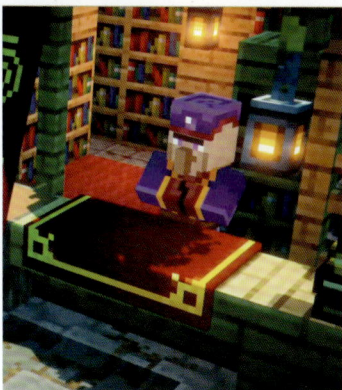

附魔遇上你

如果你曾为无法更换装备上的附魔而苦恼，那么这回你幸运了！现在，《我的世界：地下城》中添加了一名附魔师村民，他能替你更换装备上的附魔。

全新动物

宠物主题的更新离不开全新的动物！当然，它们可能不是传统意义上的宠物，但它们超级可爱！请到游戏中寻找刺猬、企鹅、雪貂、红熊猫、水獭以及更多全新动物吧！

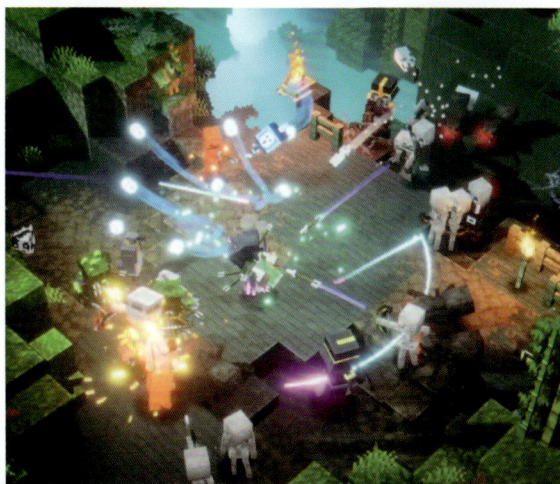

关卡更新

除了新增的各种有趣的宠物之外，《动物狂欢》还增加了新关卡：树梢缠结。享受在巨树枝丫内外作战的乐趣吧。要说最棒的是什么？当然是免费体验啦！

生存挑战：沙漠

在沙漠中生存绝非易事，这里不仅尸傀遍布，而且可获取的食物资源也寥寥无几。不过，这里却是寻找甘蔗的上好之地。如果你爱吃甜食，那么你便会爱上沙漠生物群系！让我们来瞧瞧在这片荒芜之地上生存的一些技巧吧。

1 收拾行囊

如果想让你的沙漠之旅变得轻松，那么你的行囊里少不了一些东西。首先是羊毛，沙漠里没有羊，你需要羊毛来制作床铺。其次，与其浪费行囊空间来装有限的食物，不如带上一切能够种植食物的物品！带上足量的种子、树苗、泥土、锄头和水桶。

2 拜访村庄

进入沙漠之际，如果你的行囊空空如也，那么你便需要进入一些村庄，从村民那里获取一些物品。由于沙漠中没有木材，你需要从村民那里得到一张床、一张工作台、一些种子，运气好的话还能从他们的箱子里拿走一些树苗。

3 制作工具

由于缺乏树木，在沙漠中制作工具就不像在其他生物群系中那么容易。你要从枯萎的灌木中收集木棍，运气好的话，你会在村民的箱子里找到一些铁锭和一张供你制作工具的工作台。首要任务是做一把镐。

4 定点安顿

收集到了所有需要的物品后，就该到河边找个好地方安顿下来了。为什么要去河边呢？因为水源是搭建农场的必需品。

5 栽种树木

做好工具后，你就可以开始挖泥土了（以及其他有用的东西，如煤、铁和石头等）。挖到足够多的泥土后，你就能够栽种树苗了！另一种获取泥土的方式便是再次拜访村庄。

6 搭建农场

为你的农场收集更多的土块，将它们放置在距离河流4格以内的地方。如果你还没准备好工具，记得为自己做一把锄头，方便你将土块变为农田。然后，把从村庄收集的种子播种到地里。

7 制作骨粉

很可能到这时候，你都快饿得不行了，但你的植物却生长缓慢。有一种办法可以加速植物生长：使用骨粉。你可以选择在舒适的新床上睡一觉，也可以鼓起勇气寻找黑暗中的骷髅并击败它们！这样一来，你就可以用收集的骨头来制作骨粉了。

沙漠生存

8 抓捕兔子

胆子太小，无法通过战斗获取骨粉？若是这样，你还有一个选择：挨饿或者抓只兔子！没错，在沙漠中，你能找到的唯一肉类就来自可爱的兔子。这下如何呢？

9 建造基地

现在，你可能已经厌倦了野外的危险生活，是时候为自己建造一个基地了。在沙漠中，砂岩是最好的建筑材料，它不仅容易获取和合成，还能让你的基地完美地融入周围的环境。

10 制作熔炉

在挖掘的过程中，你有望收集足够多的圆石来制作熔炉。它能用来做各种事情，包括熔炼矿石和烹饪肉类。或者说，你已经从村庄里得到一个熔炉了！

11 火把时间

若想防止敌对生物出现在你的基地内部，就需要制作一些火把。从枯萎的灌木中收集更多的木棍，然后从地下找来一些煤炭，或者冶炼一些木炭，以此来制作足够多的火把，照亮你的基地。

找到骆驼

12 骆驼体形高大，足以让敌对生物碰不到你，而且它们还能够冲过河流和沟壑，是你在炎热沙漠旅行的最佳交通工具。你可以在村庄或者沙漠神殿的箱子里找到鞍。

挖矿时间

13 现在，你已经获得了所需的一切物品，是时候骑上骆驼去寻找洞穴，开启你的挖矿之旅了！沙漠的地底深处储有大量的资源，你可以挖出钻石，用来制作工具和盔甲，你甚至还可能发现繁茂洞穴！

成长非生存

14 在沙漠中生存固然重要，但如果想要繁荣兴旺，你就必须找到一个自己不曾与其中村民交恶的村庄。带上满满的矿物和农作物，你就能够开始和村民们交易物品了。

沙漠金字塔

15 在村庄里没有找到你需要的东西？沙漠金字塔中或许藏着有用的东西。不过，凡事需谨慎！这座生成结构中的宝物有陷阱保护，踏错一步就会爆炸！不过，有4个箱子的宝物等着你去寻找，冒这点风险也算值了。

找不同: 红树林

史蒂夫的谜题

伙计，很高兴在这儿遇到你！这处红树林生物群系发生了诡异之事。我们正遭遇袭击！爱丽克斯的基地附近的事物正变换不停……看那儿！你瞧见了吗？青蛙就在眼皮子底下变了样！这样的变化发生10次了！究竟是我在胡思乱想，还是说你也能找出10处的不同？

1 ⬡ 2 ⬡ 3 ⬡ 4 ⬡ 5 ⬡ 6 ⬡ 7 ⬡ 8 ⬡ 9 ⬡ 10 ⬡

答案请见第62页

新皮肤介绍

在《我的世界》直播中，魔赞宣布爱丽克斯和史蒂夫将不再仅拥有两款默认皮肤：魔赞制作了7款全新的皮肤！《我的世界》的玩家遍布世界各地，这样的皮肤设计也代表了不同的玩家群体。因此，无论你是刚踏入《我的世界》冒险，还是想要更换皮肤，现在都拥有了更多的选择。你会选择哪一款呢？

桑尼

凯

阿里

祖瑞

迈凯伦

努尔

埃菲

当然，这些都只是默认的、待穿皮肤的角色。你可以通过多种方式调整和创建专属皮肤，谁说你的皮肤就一定得是人类呢？

发挥创意画出游戏中的皮肤。你既可以画出自己喜欢的默认皮肤，也可以创造自己的独特皮肤！

首先要决定你的游戏角色——它长得像你，或是像你最爱的生物，或者你要创造出全新生物。先画出头部，再决定外观。它要穿和你类似的衣服，还是奇装异服？

寻宝游戏

《我的世界》充满了诸多宝藏，人们却往往不知从何找起。大量宝石（如绿宝石）能被开采和冶炼，但某些宝藏只存在于特定的地点，只能通过特定的方式才能获取。让我们来瞅瞅这些稀有的宝藏和它们的藏身之地吧！

与阿里一同探索

附魔金苹果

附魔金苹果能给予你更强的状态效果，成为热门宝藏不足为奇。你可以在生成结构中找到它们，如地牢、堡垒遗迹、废弃矿井、林地府邸、沙漠神殿、废弃传送门等。但你最有可能在远古城市找到它们——要当心那些监守者！

海洋之心

你若想要建造潮涌核心，就得先找到该稀有物品。它无法被合成，只能通过寻找获得。拿走沉船上的藏宝图，或者给海豚投喂生鳕鱼或鲑鱼，让它们为你引路，寻找埋藏的宝藏。幸运的话，你有可能找到一颗海洋之心。

鞘翅

　　谁没梦想过遨游天际呢？鞘翅将会帮助你实现这个梦想！你需要击败末影龙，这绝非易事。但只要你击败了它，便可以去到末地船寻找鞘翅。

下界之星

　　你可能觉得自己永远不会建造并对付可怕的凋灵，但它给予的奖励却足以诱惑你！你若想建造信标，就需要获取下界之星。不幸的是，下界之星只能通过击败凋灵获得，凋灵是《我的世界》中最难对付的怪物之一。赶紧全副武装吧！

音乐唱片

　　这些古怪的唱片能放在唱片机里播放出音乐，很厉害吧？你能在许多生成结构中找到不同的唱片，你也能通过另一种方式获取唱片——让骷髅或流浪者射死苦力怕。祝你好运！

不死图腾

　　若要进行战斗，这件物品绝对是你想随身携带的。但要获取它，你得先击败唤魔者，这也绝非易事。请务必携带远程武器！

15

如何画一只羊

你可以为羊涂上任何你喜欢的颜色，但你是否知道有一种自然生成的粉色羊呢？虽然这种羊并不常见，但你若是仔细寻找，也许就能在野外找到这类珍奇的物种！请按照下面的步骤画出这只可可爱爱的小羊吧！

与迈凯伦一起画画

步骤 1

画出羊胖乎乎的长方体身体。

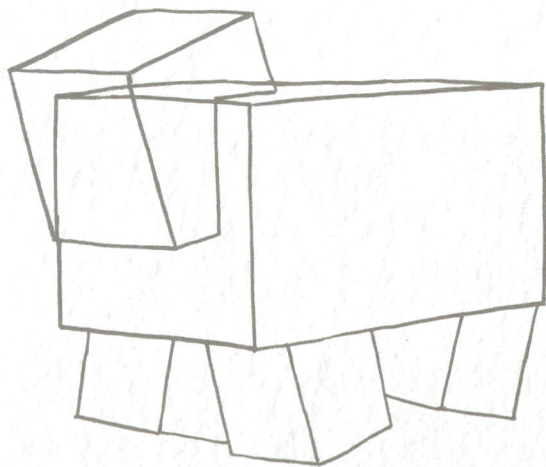

步骤 2

在身体前方画一个向下倾斜的立方体作为头部。然后在身体下方添加3个不同角度的立方体作为它的大腿。

步骤 3

画3个较窄的长方体延长羊的腿，再在它的头部添加一个较薄的长方体作为面部。

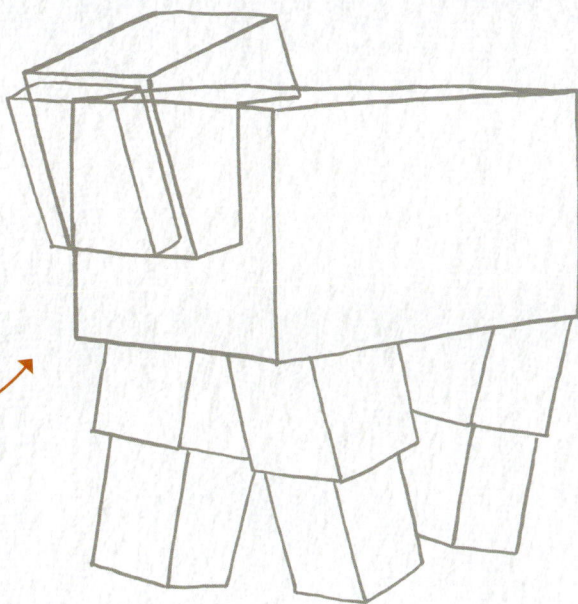

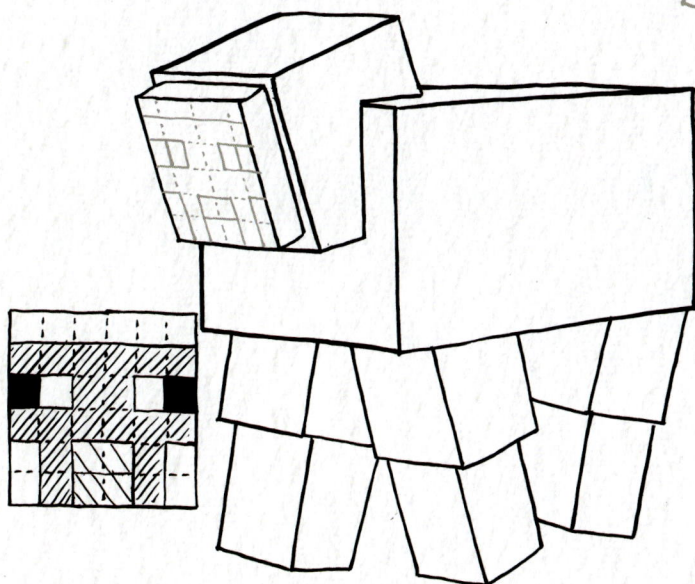

步骤 4

现在可参照图示，用6×6的方格画出羊的面部特征。

步骤 5

为你的欢快的羊画上阴影，在每条腿的底部画上黑色线条作为蹄部。接着，在羊的后面添上运动线条，表示它正在移动。

建筑挑战: 沙堡

与凯一起建筑

当被一望无际的黄沙包围之时，你想做什么呢？当然是建造一座沙堡了！在要塞壁垒的保护之中，掌握沙漠生存之术。按照下面的步骤，建造属于你的基地吧！

与凯一起建筑

难度等级
★★★☆☆
🕐 45分钟

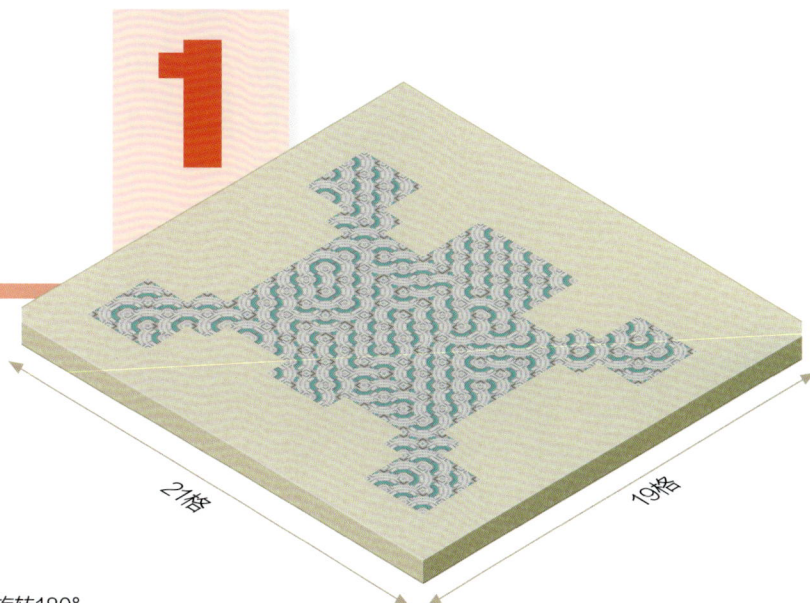

1

参照右图，为你的城堡铺上带釉陶瓦，这会为你的建筑增添一抹亮色。

21格

19格

2

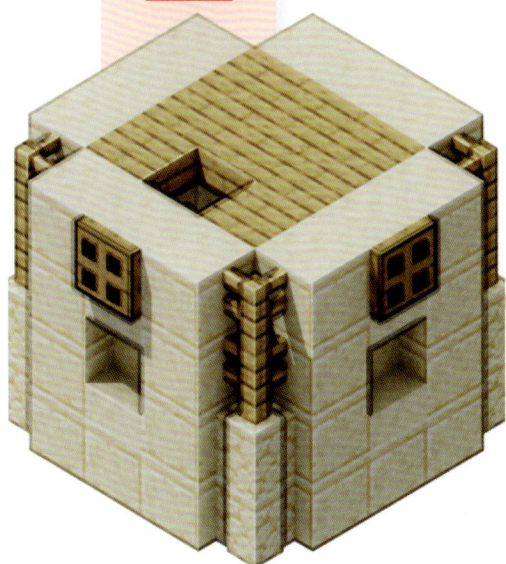

旋转180°

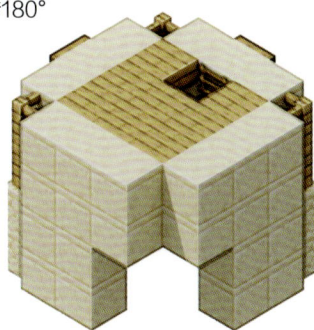

在基地的一角开始建造塔楼。用4×3格的长方体切制砂岩砌成两面朝外的墙，并在中间凹陷处砌上两个砂岩阶梯。用切制砂岩砌筑另外两面墙，如左图所示，留出空隙。用砂岩墙和橡木栅栏增添墙角的细节，然后在外墙添加橡木活板门。用橡木板填充天花板，并安装一个梯子，以便登上堡垒。

3

重复步骤2，在塔顶处再建一层类似的结构，但需将原本两面墙中间的凹陷和活板门向下移动一格，并在顶部添加一层切制砂岩。这样便能使塔楼两侧的样式匀称排布。

旋转180°

建筑沙堡挑战

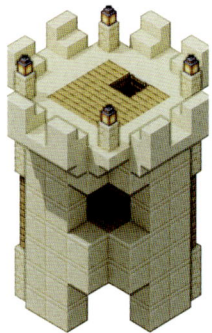

旋转180°

城堡怎么能少了炮台！首先，在塔楼的外沿制作一个倒立的砂岩阶梯。接着在顶部添加两个砂岩阶梯，方向朝上，每边朝内。最后在四角添上砂岩墙，并在其顶上放置一盏灯笼。

重复步骤2～4，为城堡总共建造出4座塔楼。

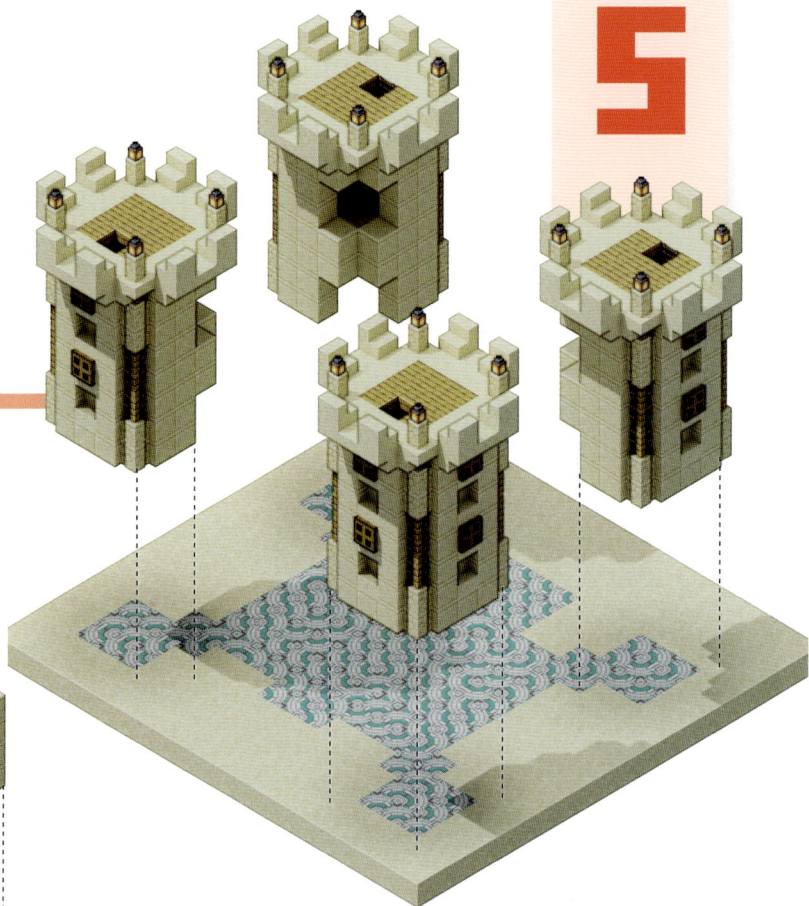

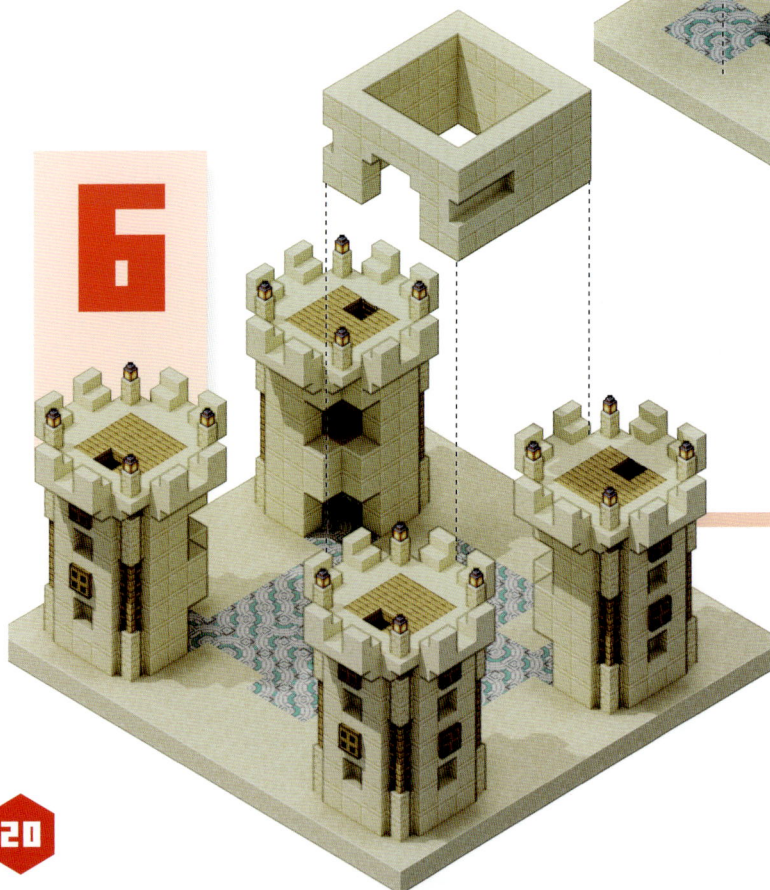

现在该建造城堡的主厅了，以便你于此招待客人。用4格高的切制砂岩建造一个方形房间，填充后方两座塔楼之间的空间，然后用砂岩阶梯增添墙和入口的细节。

7

混合使用海晶石方块和楼梯，为主厅加盖一个与城堡相称的华丽穹状屋顶。接着添加砂岩墙、灯笼和橡木栅栏作为装饰。

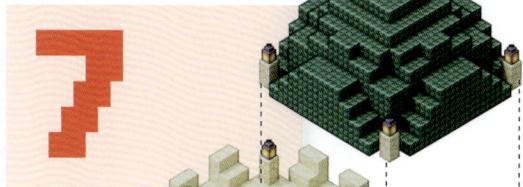

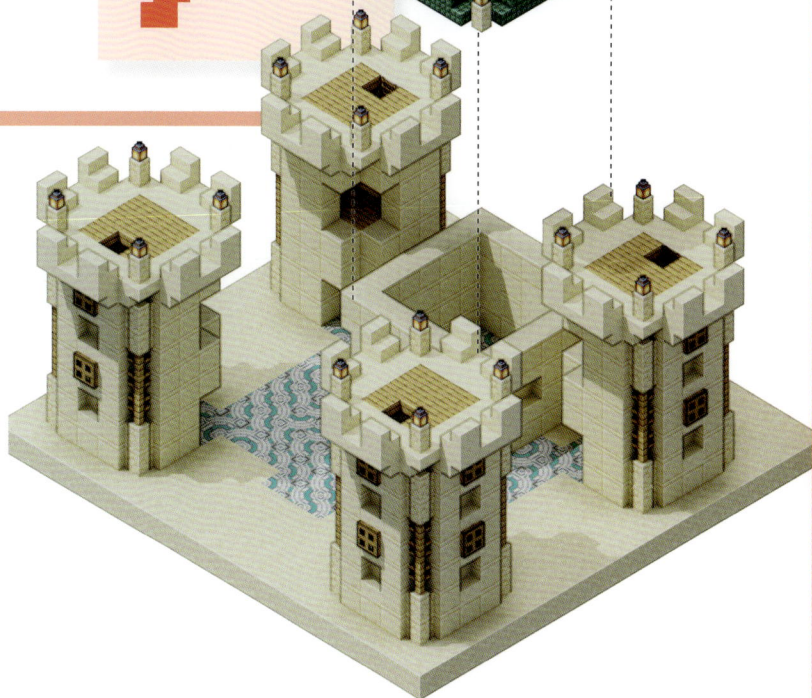

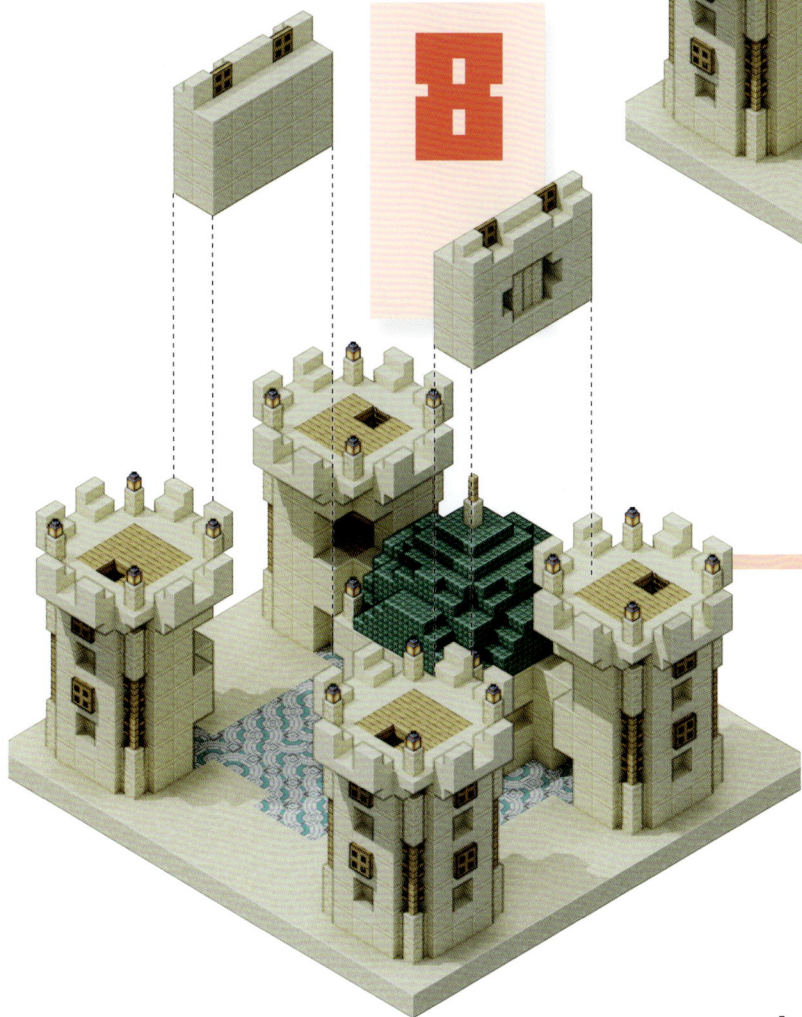

8

在侧方两座塔楼之间，混合使用切制砂岩、砂岩阶梯、砂岩墙和橡木活板门，分别建造一面宽2格、高5格、长6格的墙。

9

使用相同的材料在前方两座塔楼之间建造一个宏伟的入口。现在，只需要为你的塔楼装备好武器来守卫新基地了！

彩蛋

与阿里一同探索

游戏开发者喜欢在游戏中加入"个人印记"，经常在游戏中留下"彩蛋"。彩蛋有时是妙趣横生的功能或惊喜，有时是为了致敬流行文化，有时是静待玩家发现的幽默玩笑。以下是隐藏在《我的世界》中的一些彩蛋，期待你的探索！

彩虹羊

你知道吗？如果你将羊命名为"Jeb_"，它就会变成一只五彩斑斓的羊，它身上的颜色还会不断变换，可爱极了！Jeb是首席设计师Jens Bergensten的昵称，也是该彩蛋的幕后功臣。

倒立生物

Jeb并非唯一一个在《我的世界》中将昵称作为彩蛋的人。技术总监Nathan Dinnerbone Adams和游戏开发者Erik Grumm Broes都在游戏中添加了自己的昵称。如果你将生物命名为"Dinnerbone"或者"Grumm"，生物就会倒立过来，看上去十分滑稽！

铁傀儡

在《我的世界》中，铁傀儡是村庄附近一道熟悉的风景线。但你知道创作它们的灵感来自电影《天空之城》吗？尤其是铁傀儡向村民们赠送鲜花以表友善的方式，便是参考了这部经典动画电影中的情节。

兔子皮肤

如果你将兔子命名为"Toast"，它的皮肤就会变为黑白相间。游戏中的这一彩蛋是为了纪念某人丢失的一只同名同色的兔子。

舞动鹦鹉

如果你还没试过在鹦鹉旁边播放音乐唱片，那真是错过了一出好戏！这个彩蛋是在你每次把音乐唱片放进唱片机时，鹦鹉便会跳起布吉舞。这是对网上流行的鹦鹉搞笑视频的重现。

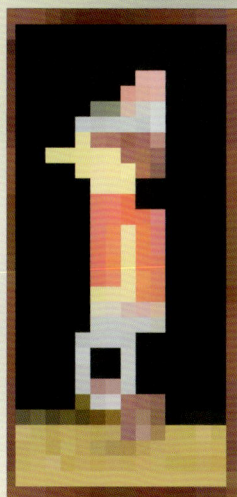

似曾相识的画作

你是否留意到《我的世界》中的许多画作都参考了现实原型和其他电子游戏？游戏中存在大量精彩的画作等待你去发现，留心观察，也许就能辨认出一幅！

万圣节

每逢万圣节，《我的世界》便会迎来翻天覆地的大改造。如果你在午夜外出，便有可能碰上一群长着南瓜头的不死生物！有趣的是，蝙蝠也会在每年的这个时候生成，为幽灵盛会渲染气氛！

JOHNNY

虽然以往的卫道士并不是完全被动地发起攻击，但如果你将其命名为"Johnny"，那它便会大开杀戒，击败附近的任何生物。这参考了20世纪80年代一部恐怖电影中的口头禅，影片中的经典角色说出这个口头禅便会挥舞斧头，大杀四方。

节日礼物

如果你碰巧在12月24日至26日期间登录《我的世界》，那你会发现所有的箱子都发生了奇特变化：它们变成了礼物的样子！

创造

创造你的专属维度

与祖瑞一起发明

在《我的世界》中，主世界、下界和末地均是全然不同的维度，充满了截然不同的景观、宝藏和威胁。创造这些维度需要大量的时间和创造力，让我们来看看你的想象力是否能胜任这项工作吧！请根据下面的提示，构想出你的专属维度。

你的维度的名字叫什么？

....

....

你如何到达那里？

....

....

那里是危险的还是和平的？

....

....

在此处画出如何抵达你的维度

24

你的维度中有什么新生物？

....

....

在此处画出新生物

这些新生物居住在哪里？

....

....

在此处画出新生物的家园

你如何在新维度旅行？

....

....

在此处画出你的交通方式

"足迹与故事"版本更新

今年更新的"足迹与故事"版本为《我的世界》带来了众多精彩内容，不仅有好玩儿的新生物和新方块，还有新的冒险。你最喜欢哪些新增内容呢？

爱丽克斯的更新介绍

樱花树林生物群系

"足迹与故事"版本的一大亮点当属樱花树林生物群系，满树盛开的樱花，满地飘落的花瓣，还有漂亮的粉色樱花方块，真是美妙绝伦，令人赞不绝口！你来探索这个生物群系了吗？

盔甲纹饰

利用新的纹饰为你的盔甲增添个性化元素。你在每个不同维度找到锻造模板了吗？别忘了选择你喜欢的颜色哟！

考古

现在，你可以变成一名考古学家了！对可疑的方块使用新工具——刷子，你便能够发现陶器碎片，把它们拼接起来，就能制作出漂亮的饰纹陶罐了。快去收集全部陶片吧！

猪灵头颅

游戏中增加了新的生物头颅！该头颅不仅能让你在猪灵附近更好地潜行，还能被红石激活，激活后将其放在音符盒上可听它发出的声音！

嗅探兽

如果你想让这只生物在你的主世界游荡，就必须先找到嗅探兽蛋并孵化它。一旦你孵出了嗅探兽，它便能挖出能够用来培育瓶子草和火把花的远古种子！

竹子

你肯定会对这种新木头感到兴奋！这些竹块有多种漂亮的纹理，包括独特的竹马赛克类型，一定能为你的建筑增光添彩。这次更新还加入了全新的木筏，为你的冒险增添乐趣！

骆驼

这些高大的生物能够承载两名玩家！它们拥有许多有趣的特点，比如它们以仙人掌为食，能冲过河流和峡谷，以及有独特的行动方式等。如果你还没体验过，就去沙漠中寻找骆驼吧！

悬挂式告示牌

告示牌也焕然一新！现在，你可以在游戏中以各种方式悬挂告示牌。这些告示牌能够为你的建筑和村庄增添不少特色，而且还能利用任何木材制作，真是棒极了！

雕纹书架

谁能不喜欢在基地中放置书架呢？这能轻易地让你的空间有家的感觉。现在更新的雕纹书架便于你存放任何你喜欢的书籍，它还具备引导红石的功能。

建筑挑战：隐藏门

游戏中新增的最绝妙的方块便是雕纹书架。这种新奇的方块与惯用的书架有许多不同之处，最令人兴奋的当数它能引导红石的能力。你建造隐藏房间的梦想就要成真了！让我们来看看如何使用雕纹书架制作一扇隐秘的书架门吧。

与凯一起建筑

难度
★★★★☆
🕐 15分钟

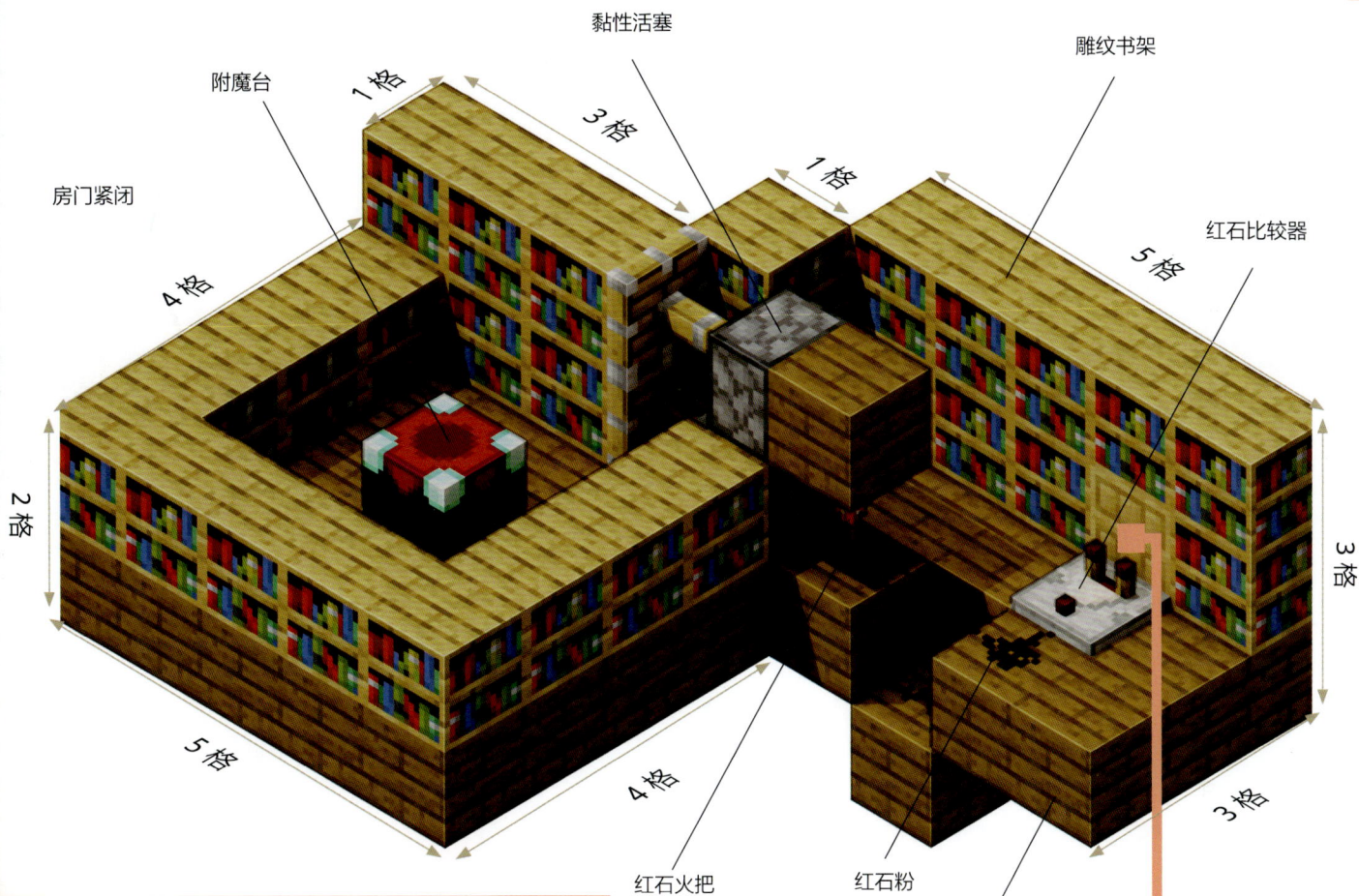

黏性活塞

附魔台

雕纹书架

1格

3格

1格

红石比较器

房门紧闭

4格

5格

2格

3格

5格

4格

红石火把

红石粉

云杉木板

房门敞开

空的雕纹书架

雕纹书架

红石

这类建筑的红石电路相对简单，仅需几件红石物品便能启动，包括2个黏性活塞、1个红石比较器、1支红石火把、一些红石粉，当然还有雕纹书架。

步骤1： 将雕纹书架放置在书架墙中，并在雕纹书架后方放置1个红石比较器，便于观察你是否在雕纹书架中放置了两本书，由此启动红石系统。

步骤2： 在你希望放置隐藏门的位置摆放2个添加了黏性活塞的堆叠书架。

步骤3： 房门将在黏性活塞开启的状态下关闭，因此你需要在黏性活塞和红石比较器之间添加一支红石火把，将红石信号翻转，以确保触发器能打开房门，而不是关闭房门。

步骤4： 将所有装置与红石粉连接。

步骤5： 现在要做的便是将房门藏起来，在密室里摆满奇珍异宝，或者像图片中那样，摆放你的附魔台。

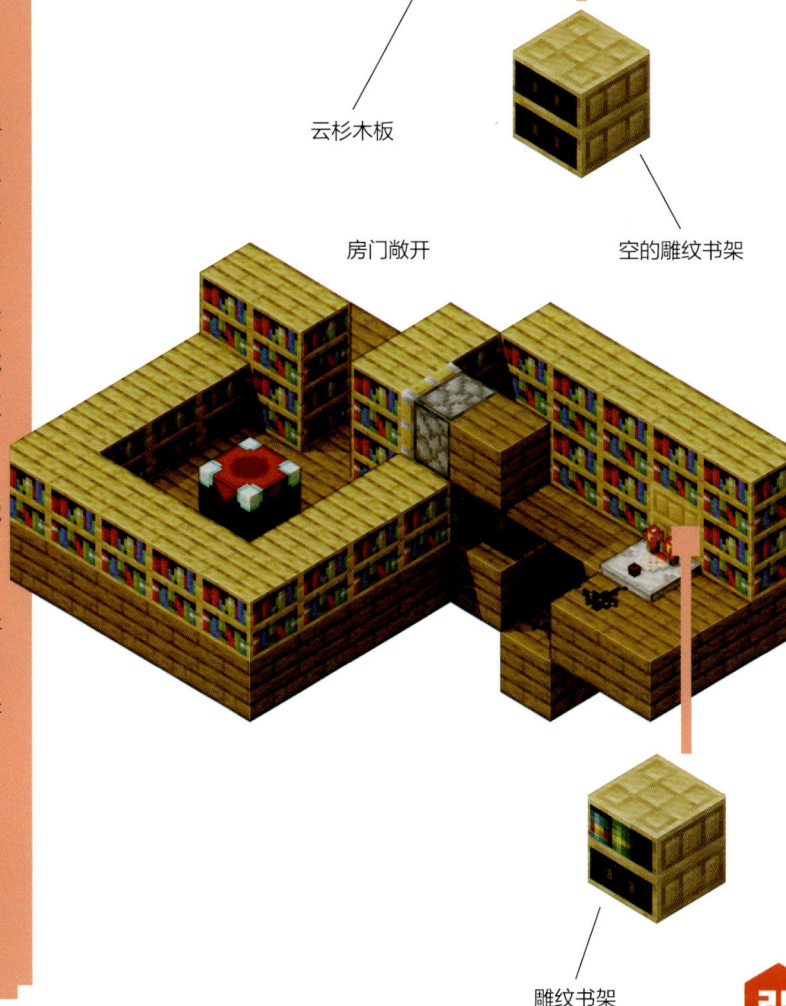

创造

生物大暴走

与迈凯伦一起
画画

利用《我的世界》实体向导，你便能够在游戏中创造专属生物，但要构想出全新的生物绝非易事！你该从何处开始呢？不妨试试下面的游戏，激发你的想象力吧。只需在每个方框中画出生物的一部分，看看你能创造出什么吧！

在本页的两个方框内画出横向视角的不同生物，完成该张图片，如一只山羊或一头海豚。

1 在该方框内画出生物前半身。

2 在该方框内画出另一只生物的后半身。

前半身

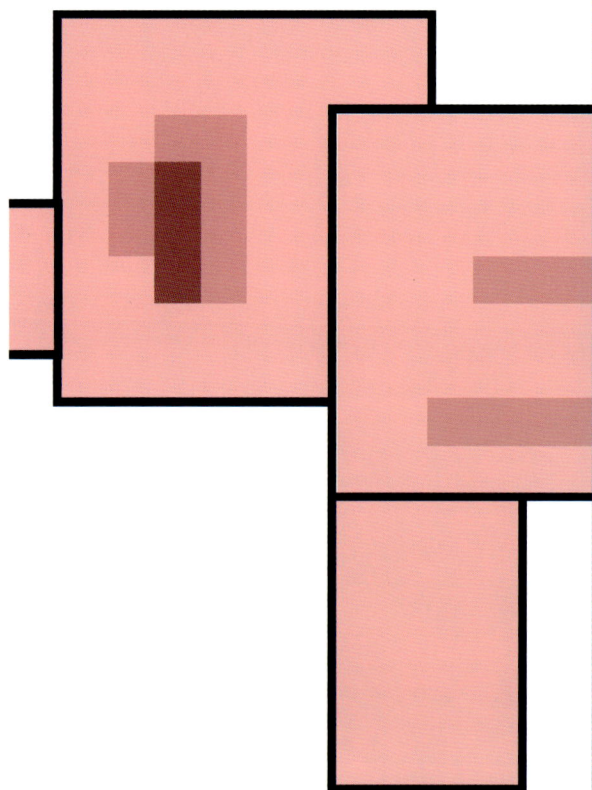

后半身

在本页的3个方框内画出纵向视角的生物，可以是从苦力怕到末影人的任何生物。

1 在顶部方框内画出生物的头颅。

头颅

头颅

2 画出生物的躯体和手臂。

躯体和手臂

躯体和手臂

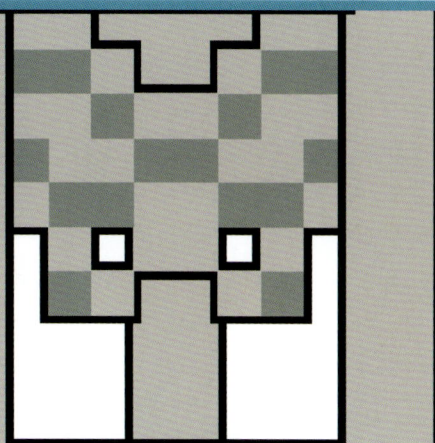

3 为最后一只生物画上大腿，完成混种生物的创造。

大腿

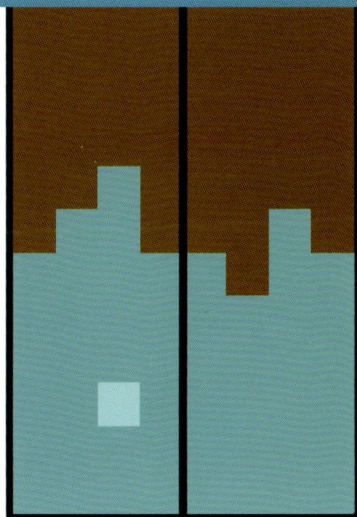

大腿

为什么不把这变成游戏呢？将一张纸一分为三，让不同的人画不同的部分，画完之后将纸张对折，藏住完成的部分。当大家都画完后，展开纸张，就能看到你们共同创造的有趣新生物！

《我的世界：传奇》专栏

埃菲的专业导引

这次的全新冒险故事可能设定在一个熟悉的世界，但处处充满惊喜。主世界正面临着一场战斗，唯有真正的英雄才能拯救世界……这个英雄就是你！

怎么回事？

下界入侵

可怕的猪灵组建了3支庞大的"部落"军队。尽管每个"部落"的行事作风迥异，但它们正联合入侵主世界，摧毁人们赖以生存的家园。

发生在哪里？

命运之井

命运之井位于主世界中央，是游戏中最重要的地点。命运之井象征着团结、新生与和谐，它的泉水供给每个村庄的喷泉，并将整个主世界联系在一起。因此，这里势必成为猪灵们的主要目标。

发生什么？

夜战

　　猪灵们在白天谋划战略，待夜幕降临，再伺机进攻。反击敌人和保卫村庄喷泉的任务就交给你了。猪灵还会建造凶险的据点，如果你不能迅速击溃这些据点，它们的势力便会越来越大，也越来越致命。

如何制止？

惊喜联盟

　　即使是最伟大的英雄，也难以靠自己完成如此艰巨的任务。你需要寻求一些意料之外的盟友，取得它们的信任，并说服它们与你并肩作战。在不同的战斗中，你需要了解应该求助哪些盟友，这会使你的战斗如鱼得水，占据上风！

盟友与敌人

《我的世界：传奇》中存在许多新角色。让我们来看看你会遇到哪些角色——从会与你并肩作战的生物，到不断制造麻烦的猪灵。

英雄坐骑

要想穿越主世界，骑上坐骑是唯一合理的办法。游戏初期，你只能骑马，但随着探索的深入，你会发现优劣各异的新坐骑，如威风老虎、聪明甲壳虫和大鸟。重要的是，你需要根据特定的旅程，选择合适的坐骑。

苦力怕

苦力怕是一种好奇心极强的生物，它们喜欢隐秘而平静的生活。如果取得了它们的信任，它们便会成为你的"爆炸盟友"。

认识生物

你一定能认出许多存在于主世界的生物，但它们的行为可能会让你大吃一惊。让我们来重新认识这些老朋友，瞧瞧如果你们齐心协力，力量能有多强大。

僵尸

僵尸们戴上人工编织帽就能在阳光下游荡，与你并肩作战了。没错，它们确实是一团腐肉，但它们的近战能力超群。

骷髅

发出咯咯吱吱声音的是骷髅没错了。你必须到冰霜雪原才能找到它们，若想拯救主世界，它们的箭矢不可或缺。

造世主

在《我的世界：传奇》中，你将碰到的第一个生物便是造世主。它们分别被命名为"行动""学识""远见"，是古早主世界的创造者。它们会告诉你如何使用英雄工具，并指引你完成整个冒险。

傀儡

你可以和4种傀儡并肩作战，每种傀儡都有自己的特殊能力。木板傀儡能点燃箭矢，圆石傀儡是近战高手，砂轮傀儡会发起冲锋并击飞敌人。记得一定要挨紧青苔傀儡，在苦战中受伤后，它们会治疗你。

原初傀儡

很久以前，这些神秘而强大的傀儡协助造世主创造了主世界。从那之后，它们便归隐荒野，休养生息了。主世界总共4只原初傀儡，它们各自拥有协助造世主创造主世界的独特能力。你需要找齐它们才能打倒猪灵。

猪灵

猪灵是来自下界的生物，很早以前便开始计划进攻主世界。它们形态各异，大小不一，但它们的目标从未改变——摧毁命运之井，扰乱世界和平。你是否有能力抵挡它们怪异凶残的攻势呢？

生存挑战：单人模式

你已经学会了如何生存，甚至还打败过末影龙，但游戏的乐趣不止于此！游戏中还有多种不同的玩法和冒险。让我们来看看在单人模式中可以完成的一些挑战和游戏吧！

桑尼的生存指南

双重麻烦

收集每一种成对的生物对任何玩家而言都是挑战。首先，你必须建造一处能容纳所有生物的建筑。接着，你必须想出法子将找到的全部生物运往此处。

极限模式

你认为自己已经掌握了生存模式？为何不来"极限模式"中测试自己的技能，看看能撑多久。

变装

收集游戏中每种生物的头颅，在战斗中穿戴它们来迷惑你的对手！

农业狂热

如果你热爱农场经营，那么你会爱上这一挑战！在《我的世界》中为每种农作物创造一个农场。如果你认为这对你来说太简单，那不妨试试让农场全部自动运作。

猫选之人

迷恋猫咪吗？目前《我的世界》中存在11种猫咪，试着找出并驯服它们，让猫咪成天绕着你转吧！你永远都不会再畏惧苦力怕了！

村庄英雄

如果迄今为止你都在主世界中安然度日，那么是时候展现一些英雄本色了！穿上盔甲，拿上武器，开启前往战胜"袭击"的旅程吧。扛住一次"袭击"会获得"村庄英雄"的状态效果，使村民为你提供交易折扣。

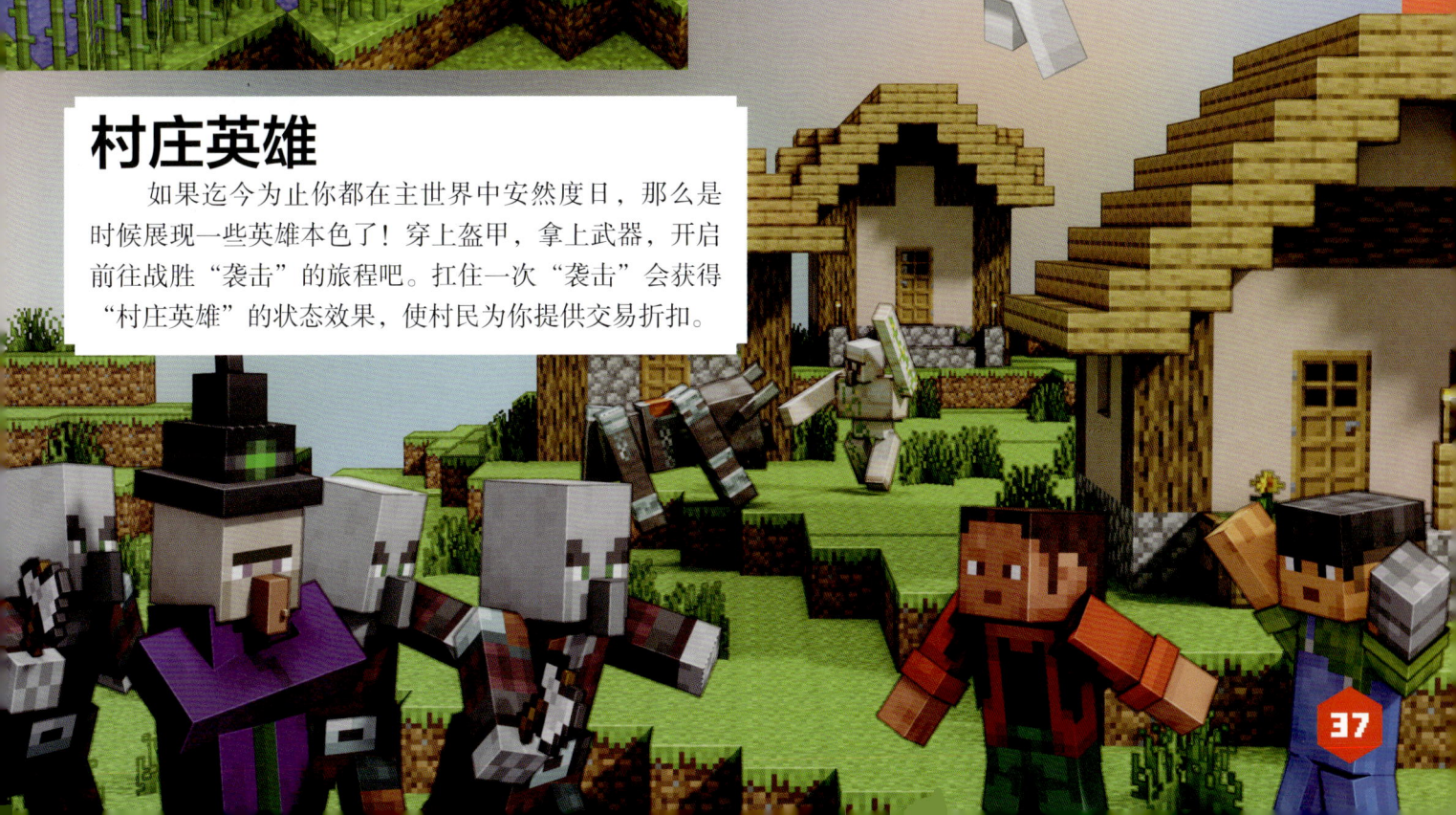

生存挑战：多人模式

当然，你不必一直玩单人模式的《我的世界》——不妨将你的经历与伙伴分享。多人模式中也有许多有趣玩法，有竞技类，也有合作类。让我们来看看你们可以共同体验的玩法和挑战吧！

桑尼的生存指南

焰火

想要跟你的伙伴共赏一次焰火秀，却又不想外出着凉？为何不来《我的世界》呢？事先了解焰火的知识，叫上小伙伴围坐在营火旁，在游戏中进行一场最为华丽、壮观的焰火表演吧！

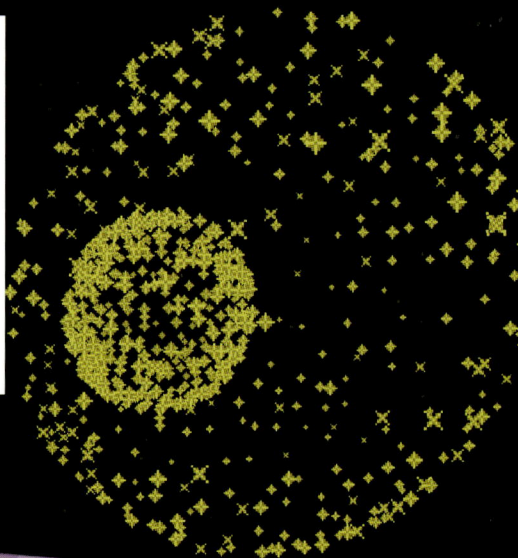

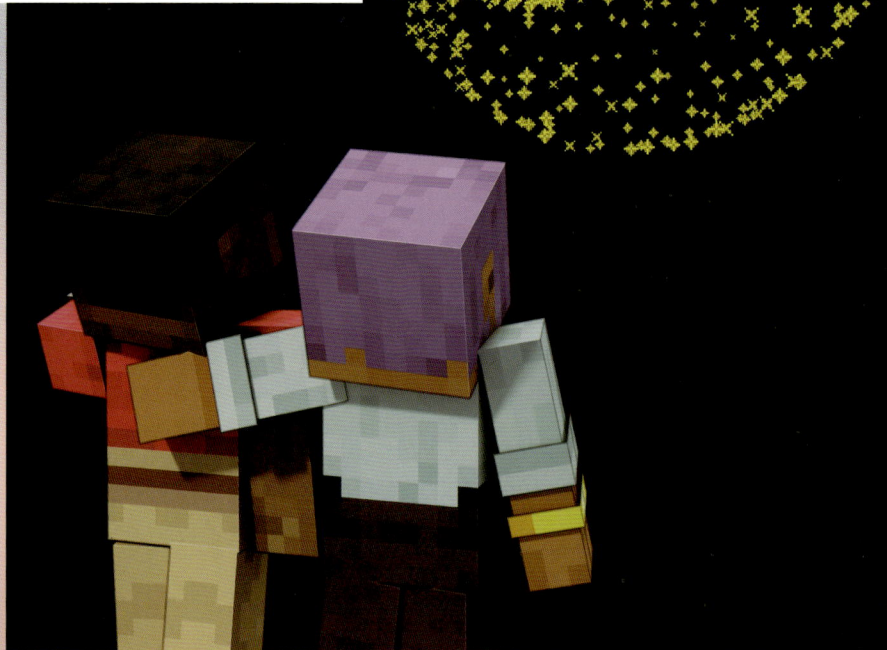

摩天大楼

清空库存，设置定时器，比赛收集材料建造最高的摩天大楼。这项挑战不会在夜间中止——你是打算在夜间建造，还是寻找掩护保证库存充足？该挑战相当考验你们的生存能力。

共同建造

还有什么能比开启共同的冒险事业更有趣的呢？这里有许多合作类的建议：你们可以共同建造一个主题公园、一个博物馆、一座城市等任何你们愿意建造的内容！融合你们各自的风格，创造独一无二的建筑。

迷宫比赛

如果你们喜欢比赛，那为何不试试建造一些迷宫，然后相互计时，看看谁能最快走出迷宫呢？要是想要让比赛变得更加有趣，可以等待夜幕降临，在迷宫中引入一些敌对生物。

寻找稀有生物比赛

《我的世界》中存在许多稀有生物，如棕色哞菇、蓝色美西螈、自然生成的粉色羊和棕色熊猫等。为何不跟朋友举办一场寻找这些稀有生物的比赛呢？眼见为实，为了增加难度，你们可以比赛将那些生物带到约定的地点。

库存争抢

如果你和朋友们都是游戏老玩家，不妨来比赛收集特定物品——每人都清空库存，在跟生物战斗、竭力生存的同时，比赛收集你们选择的物品。这会是一种找回玩游戏初期肾上腺素激增般的兴奋感的绝佳办法。

39

《我的世界》迷宫:
远古城市

史蒂夫的谜题

当心!你刚进入了一座远古城市——监守者的家园。你可不想惊醒这些凶猛的生物!踮起脚尖在迷宫中行走,寻找通往安全的道路。切记,溜过任何幽匿感测体的时候都要格外小心。

幽匿感测体

开始

结束

答案请见第62页

建筑挑战：藏身木屋

想要一个与周围林地环境完美融合的基地？不妨试试在树桩中建造这样的隐藏堡垒——一个巨大无比的树洞！往里面装满林地冒险所需要的一切物品吧！

与凯一起建筑

难度
★★☆☆☆
🕐 20分钟

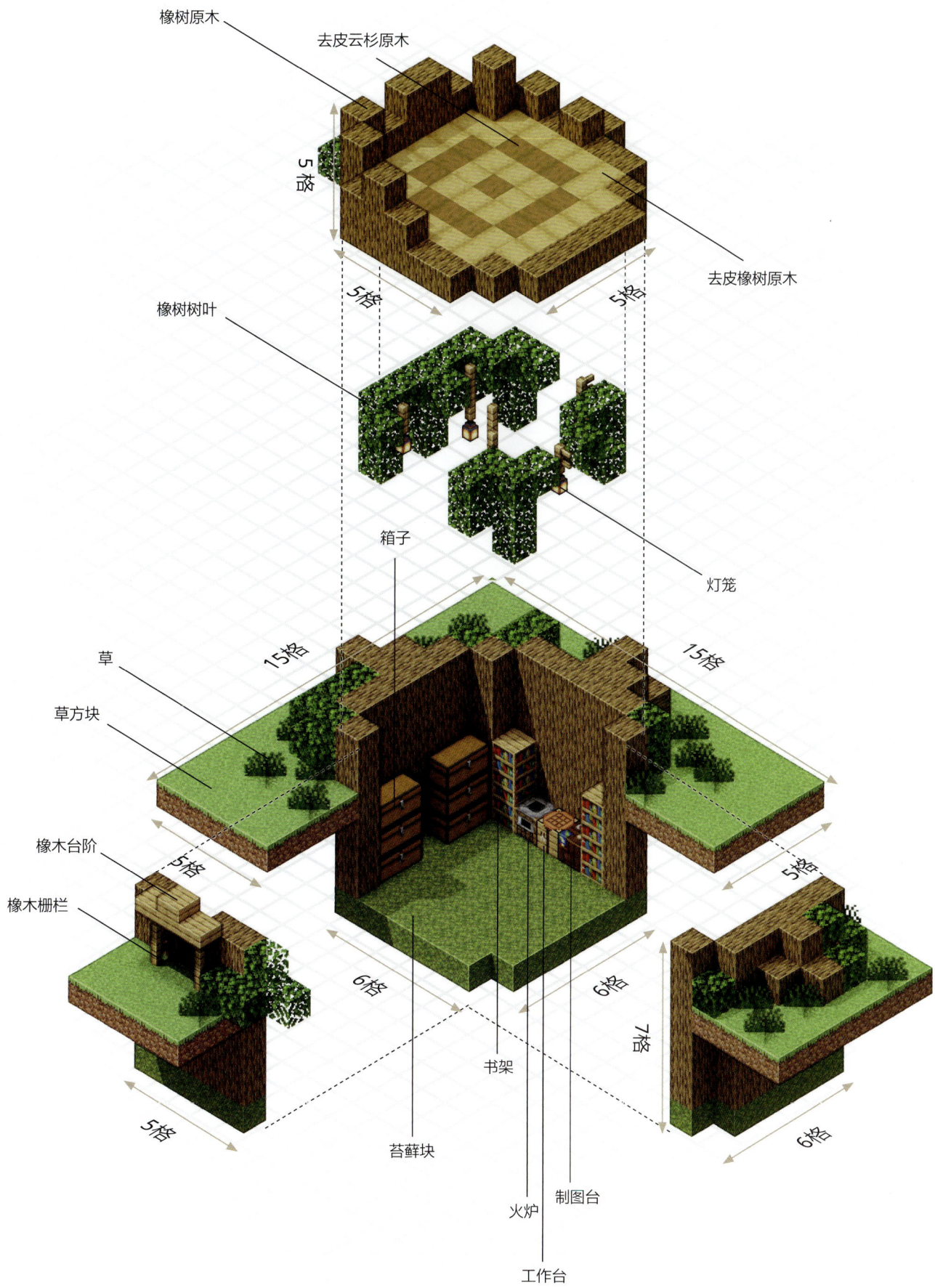

橡树原木

去皮云杉原木

去皮橡树原木

5格

5格

5格

橡树树叶

灯笼

箱子

15格

15格

草

草方块

5格

橡木台阶

橡木栅栏

6格

6格

7格

5格

书架

苔藓块

制图台

火炉

工作台

市场

想要让游戏有所改变吗？不妨瞧瞧《我的世界》市场。里面有许多能够改变你的游戏体验，或者带领你开启全新冒险的极佳商品！包括但不限于沉浸式故事和自定义角色的优秀游戏包等。你一定不想错过以下内容！

努尔带你看世界

纹理包 使用纹理包改变你的游戏样貌吧！

超级可爱风
TETRASCAPE制作

没有最可爱，只有更可爱，可爱无极限！这款纹理包将极大提升你游戏的萌感，从物件到生物，统统都将超级可爱化！

原版高清
TETRASCAPE制作

《我的世界》并不羞愧于像素风的外观，但你是否想过它高清画面的样子？跟像素方块说再见，迎接精致细节吧！

跨界包 想要探索故事和新材质？试试跨界包吧！

冰河世纪
4J工作室制作

如果你是冰河世纪系统的影迷，你将会爱上这场跨界冒险！扮演你最喜爱的电影角色，开启一段冰河冒险，超级炫酷！

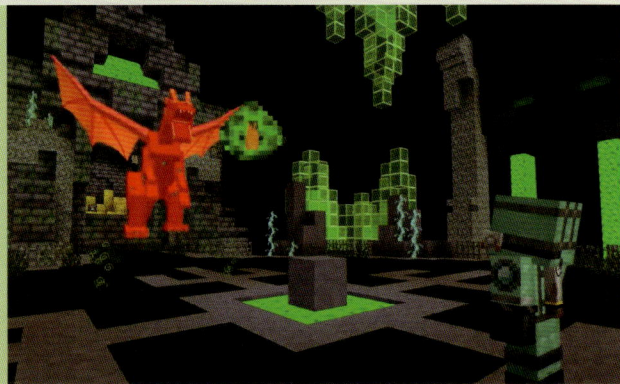

剧毒扩张
GOE-CRAFT制作

期望享受一段恐怖时光？这款跨界包会将你带入一个被剧毒感染的世界，你需要对抗各种突变的生物以求生存，堪称一次令人陶醉的冒险！

44

冒险地图

使用这些沉浸式地图开启全新冒险之旅吧！

水有剧毒！

PIXELL工作室制作

你要是有胆量，就来试试这张地图吧！这张地图中的所有水——甚至连雨水都有剧毒。你再也不会对末影人躲避水源的行为妄加评论了！

海绵宝宝

SPARK UNIVERSE制作

谁住在海底的大菠萝里？如果你是《海绵宝宝》的粉丝，那你将会在这张比奇堡冒险地图中度过最美好的一天。

迷你游戏

想在《我的世界》中体验有趣的新游戏吗？试试迷你游戏吧！

太空赛跑

NEXT工作室制作

拉上你的朋友来参加穿越太空的赛跑吧！在太空地图中加速奔跑，跨越障碍，躲避炸弹，无论输赢，都将尽兴而归！

零食堆高高挑战

HUMBLEBRIGHT制作

通过这款紧张刺激的零食堆高高游戏来测试你的记忆力！这款游戏节奏轻快，兼具挑战性与趣味性，适合所有年龄群体。不过，这款游戏可能会让你的肚子咕咕大叫！

皮肤包

使用新皮肤让你的游戏角色焕然一新吧！

旧世界战士

PIXELL工作室制作

想装扮成旧世界的冷酷战士吗？该皮肤包内含12款战士皮肤供你选择，让你在施展绝技时呈现出势如破竹的威风气概。

生物风格

BLOCKLAB工作室制作

有没有想过装扮成你最爱的生物？当然想过吧！有了这个皮肤包，你就能装扮成12种极富个性的不同生物啦！

创造你的专属生物群系

在第24页，你已经创造了自己的专属维度，不妨试试在其中创造一个生物群系。无论是主世界还是下界，都存在着多种多样的生物群系，包括不同的地貌、动物、植物和温度等。

与祖瑞一起发明

天空是什么颜色？

....

....

....

地面是什么颜色？

....

....

....

你的维度中还有其他什么颜色？

....

....

....

存在哪种地形地貌？有山丘吗？有河流吗？

....

....

....

存在哪种生成结构？

....

....

....

画出此生物群系中存在的所有新物品

在下面的空白处画出你的生物群系，包括你想出的所有精妙的新点子。如果你愿意，可以利用等距点纸辅助绘制你的3D方块。

村民小测验

史蒂夫的谜题

无论你是要寻求交易，还是寻找友善的邻居，村民都是不二之选！如果你在村庄待的时间足够久，你便会注意到这些生物的复杂之处。或许你还没注意到呢！让我们来看看你对村民的熟悉程度吧！

1 哪种职业的村民将堆肥箱作为工作地点？

答案

图书管理员头上戴的是什么？

答案

3 除了食物以外，村民的繁育条件还有什么？

答案

4 哪位村民起床最晚？

答案

5 用什么可治愈虚弱状态的僵尸村民？

答案

6

牧羊人将什么作为
工作地点？

答案

....

什么生物保护村民免受
敌对生物的侵扰？

答案

....

7

什么生物群系里的村民头上戴着
树叶？

答案

8

....

被雷电击中的村民会变成
什么？

答案

....

9

10

村民们用什么货币
进行交易？

答案

....

答案请见第62页

49

建筑挑战：嘎吱小屋

想在溪流旁建造一座魅力十足的新基地吗？在繁茂的红树林间听取可爱的蛙声，这座"嘎吱小屋"便会是你在沼泽区域安然度日的绝佳场所！

与凯一起建筑

难度
★★★☆☆
🕐 35分钟

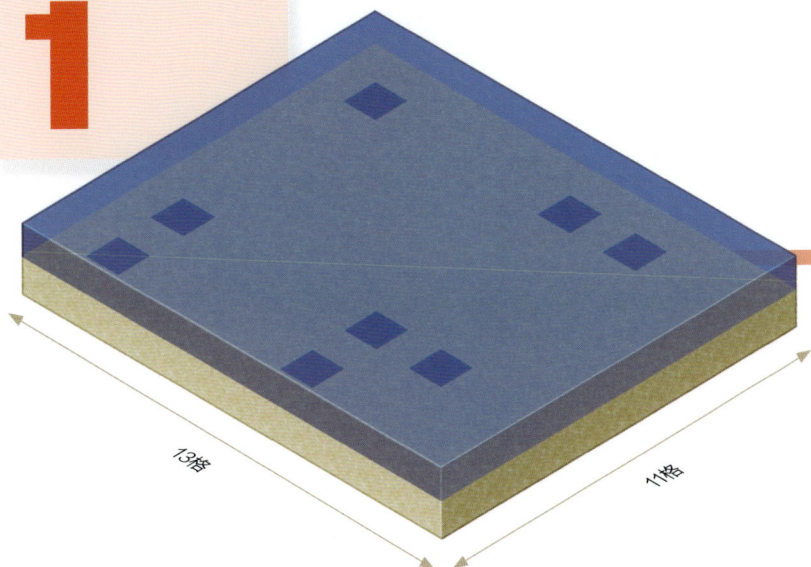

1

在沼泽区域中找到，或自己创造出一片能够容纳小屋的巨大场地。接着在水底挖洞，以便插入支撑小屋的木桩。

13格

11格

2

在洞中放入用红树原木制作的高4格的支柱，前方的支柱需为5格高。用红树木台阶搭建小屋的底座，并在前方添置一把梯子，便于登上平台。

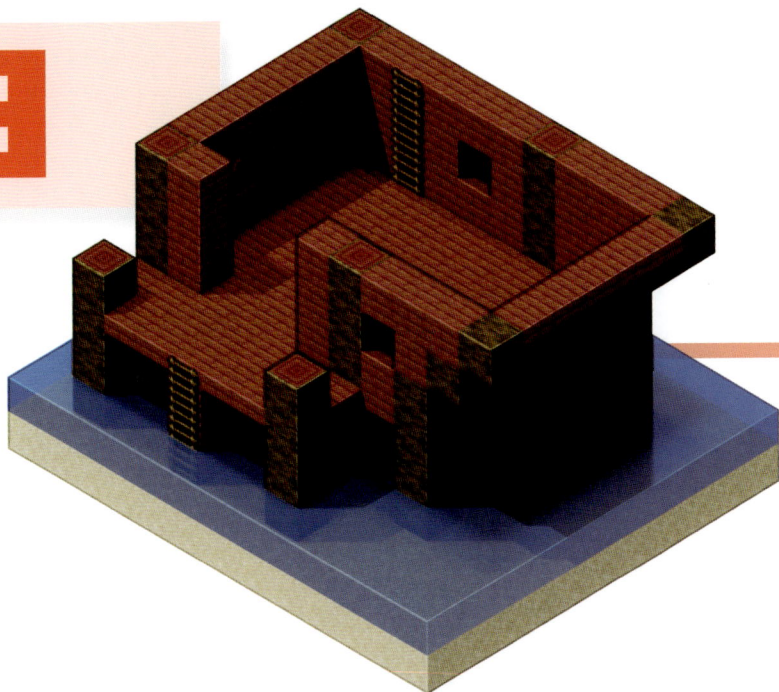

3

用红树木板和红树原木建造底层的墙，留出安装窗户和大门的空间，并在后方添置一把梯子，方便爬上二楼。

嘎吱小屋

4

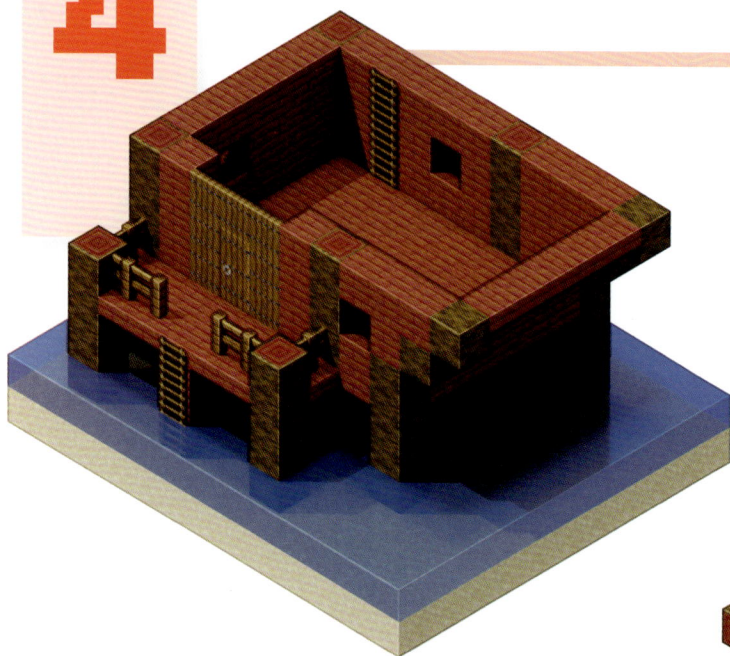

用云杉木门及周围的云杉木活板门搭建宏伟的门廊，接着在平台边缘处添加云杉木栅栏。

5

建造小屋的上层结构。使用红树原木在每个接合处延伸出1格原木，平台上方区域除外，该处需延伸出2格原木。添加6根高4格的红树木支柱，然后铺上红树木板即可。

6

填充红树木板墙，并混合使用红树木楼梯和红树木台阶搭出大窗框，再用玻璃板进行填充。

使用氧化切制
铜台阶建造屋顶，
从边缘开始，向上
铺方块，直至在中
部相接。

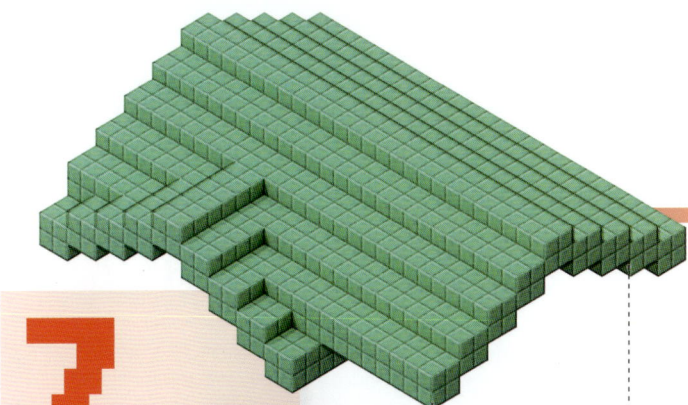

7

添加一些家用装饰，如储物桶、
云杉木楼梯、活板门书架和一些
杜鹃树叶方块等

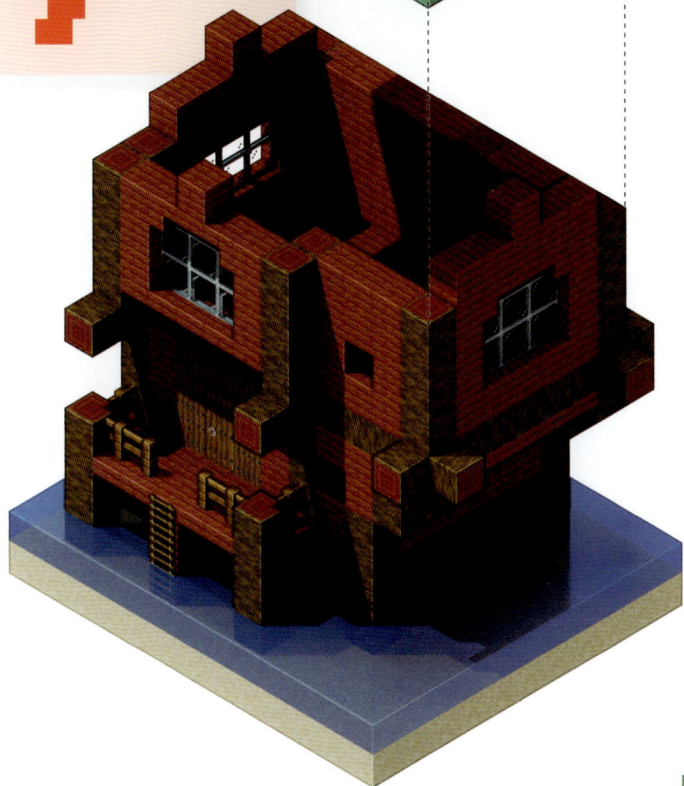

8

在建筑外部添加一些
装饰元素，如红树树叶和
灯笼等，让小屋散发出生
活气息。

找词游戏

收集资源和创造建筑肯定让你感觉有点儿饿了吧？你说快饿晕了？那你十分幸运，接下来的找词游戏中隐藏着许多零食，快来大快朵颐吧！你能在饥饿值见底之前找出所有单词吗？

史蒂夫的谜题

```
A C V B A K E D P O T A T O O
Q H Y D K L G P W I J G A C M
U I X C A K E X P F C S G M U
R C B O P O L S A O A O O D T
O K H I P I C T B D K R Y C P T
X E W E L O B E E T R O O T O
A N V J E L A P R F O H O L N
S A L M O N Y H E O T O K T B
B C T G P U M P K I N P I E V
F R B R E A D J T L M S E M H
H P C A W D O E S T E A K A O
S W E E T B E R R I E S J L P
P G S A R T I E T J O F B Y C
J M E L O N S L I C E R L S O
Z A D T E F M O Y Z K L F O D
```

待寻找的单词

- [ ] SWEET BERRIES
- [ ] CAKE
- [ ] MELON SLICE
- [ ] APPLE
- [ ] BEETROOT
- [ ] BAKED POTATO
- [ ] COOKIE
- [ ] PUMPKIN PIE
- [ ] CHICKEN
- [ ] BREAD
- [ ] MUTTON
- [ ] SALMON
- [ ] STEAK
- [ ] COD
- [ ] CARROT

答案请见第62页

MINECRAFT

沿虚线裁切

沿书脊裁切［废］

数独游戏

你还饿吗？是不是又吃腐肉了？它会让你陷入饥饿状态！不过你的运气不错，我们刚找到了一个装满食物的箱子，但是你需要先解开这个数独谜题，才能取回所有食物！9×9方框或竖排、横排中不能出现重复的物品。

史蒂夫的谜题

1	6	7		2		8		
			6	1				
2	8							
					5		2	4
8	3	5	2	6	4	1	9	7
4				3	5			8
	2	8	3	4	1		5	
	3	7						1
5		1		8	6	4	3	2

图例 如果你不想画出物品，请使用图例中的数字代号。

1　2　3　4　5　6　7　8　9

答案请见第62页

如何画一只猥傀

这种生物不容易对付！一旦唤魔者召唤了猥傀，你将很难逃脱它的追击——它能穿过任何方块，所以任何躲避都是徒劳的。猥傀会以3只一组的形式被召唤出来，所以我希望你能穿上最好的盔甲迎战！根据以下的步骤召唤出你的专属猥傀吧！

与迈凯伦一起
画画

步骤 1

要画出你的专属猥傀，需先勾勒出它的头部方块。

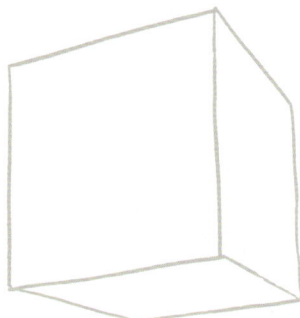

步骤 2

在头部下方画出长方体作为躯干。

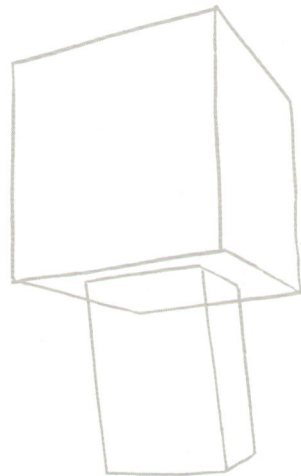

步骤 3

画出两个长方体作为手臂，再在躯干下方添加一块稍小的方块。

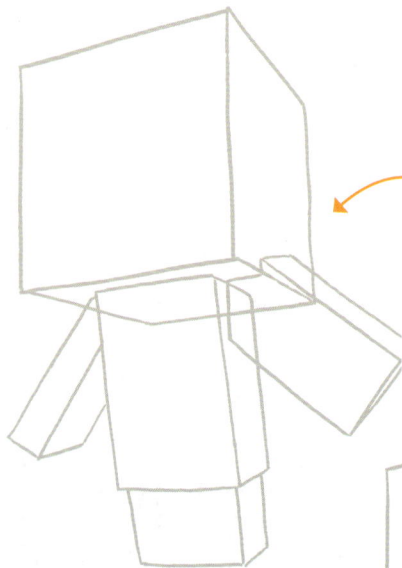

步骤 4

猥傀不能没有剑。在绘制武器时，注意剑柄至剑锋的部分要不断放大，这样才有它要从纸中发动攻击的感觉。

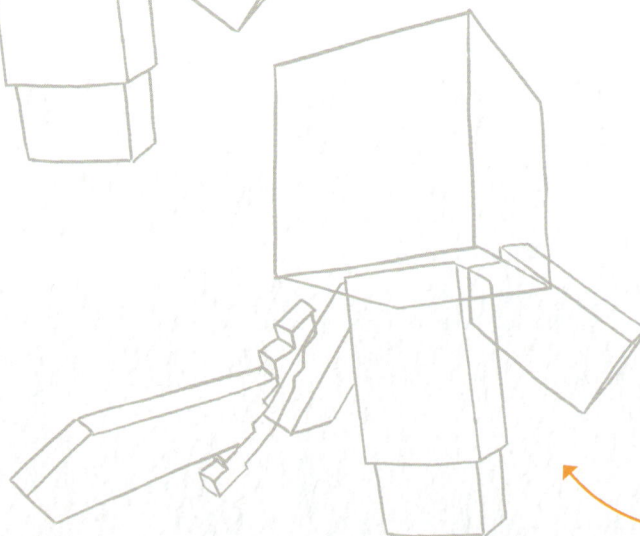

现在，使用5×5的网格来绘制它的面部特征，并在它的肩膀两侧使用两个网格来绘制翅膀。

步骤 **6**

为猥傀的躯体添加一些细节特点，突显它破烂的衣角，并为它的剑增添一些图饰。

步骤 **7**

利用交叉排线法为猥傀涂上阴影，并在翅膀周围添加运动轨迹线条，突显它正在飞行的样子。

营火故事

努尔带你看世界

哇！《我的世界》度过了精彩绝伦的一年，充满了令人惊叹的建筑和引人入胜的故事！《我的世界》社区的创造力也满到溢出，许多玩家都在网上分享了他们发人深省的建筑作品。让我们来一睹过去一年中艳惊四座的建筑作品吧！

KAIZEN87设计的景观建筑

这座山丘之城的灵感源于日本动画导演、吉卜力工作室联合创始人宫崎骏的动漫作品。设计师Kaizen花费了大约两周的时间来建造这座城市，他并没有按照既定的计划来建造，而是依据自己当时的感觉来完成建造，这使得这座绝妙的城市充满了无穷色彩与惊喜，令人惊叹不已！

幽灵酒店建筑挑战赛

《我的世界》中不乏僵尸、女巫、骷髅和南瓜的踪影，因此万圣节是玩家的重要灵感来源之一便不足为奇。下面来看看大家为"幽灵酒店建筑挑战赛"创作的恐怖建筑吧。

CHOMCHOM制作

PRETTYGIRL11387制作

区块建筑挑战赛

添加限制条件有时会成为解锁创造力的钥匙，"区块建筑挑战赛"便是如此。挑战赛要求玩家在《我的世界》16×16的区块中完成建筑，但不对建筑的高度设置限制。

M.YODA 制作

DESTRUCTOR 制作

第10~11页

第40~41页

第48~49页

1. 农民
2. 书
3. 床
4. 绿袍村民
5. 金苹果
6. 织布机
7. 铁傀儡
8. 沼泽
9. 女巫
10. 绿宝石

第54页

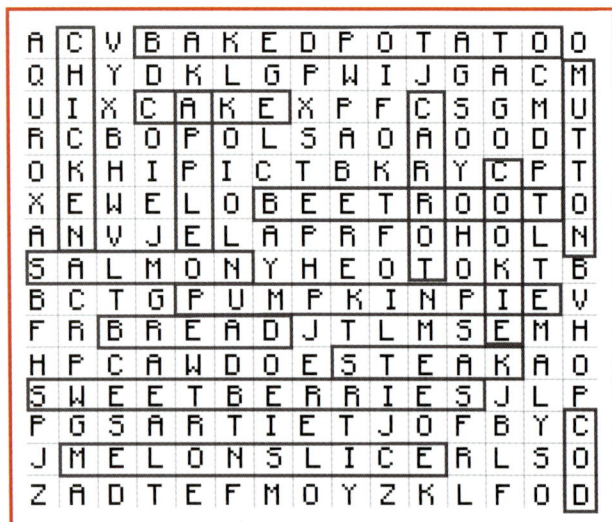

第57页

告别

哇，过去的一年真是充实——还有更多精彩的事情将要到来！我们期盼与大家分享计划中的所有全新内容，也期待与各位在下一本年鉴中相见。

感谢参与！

魔赞工作室

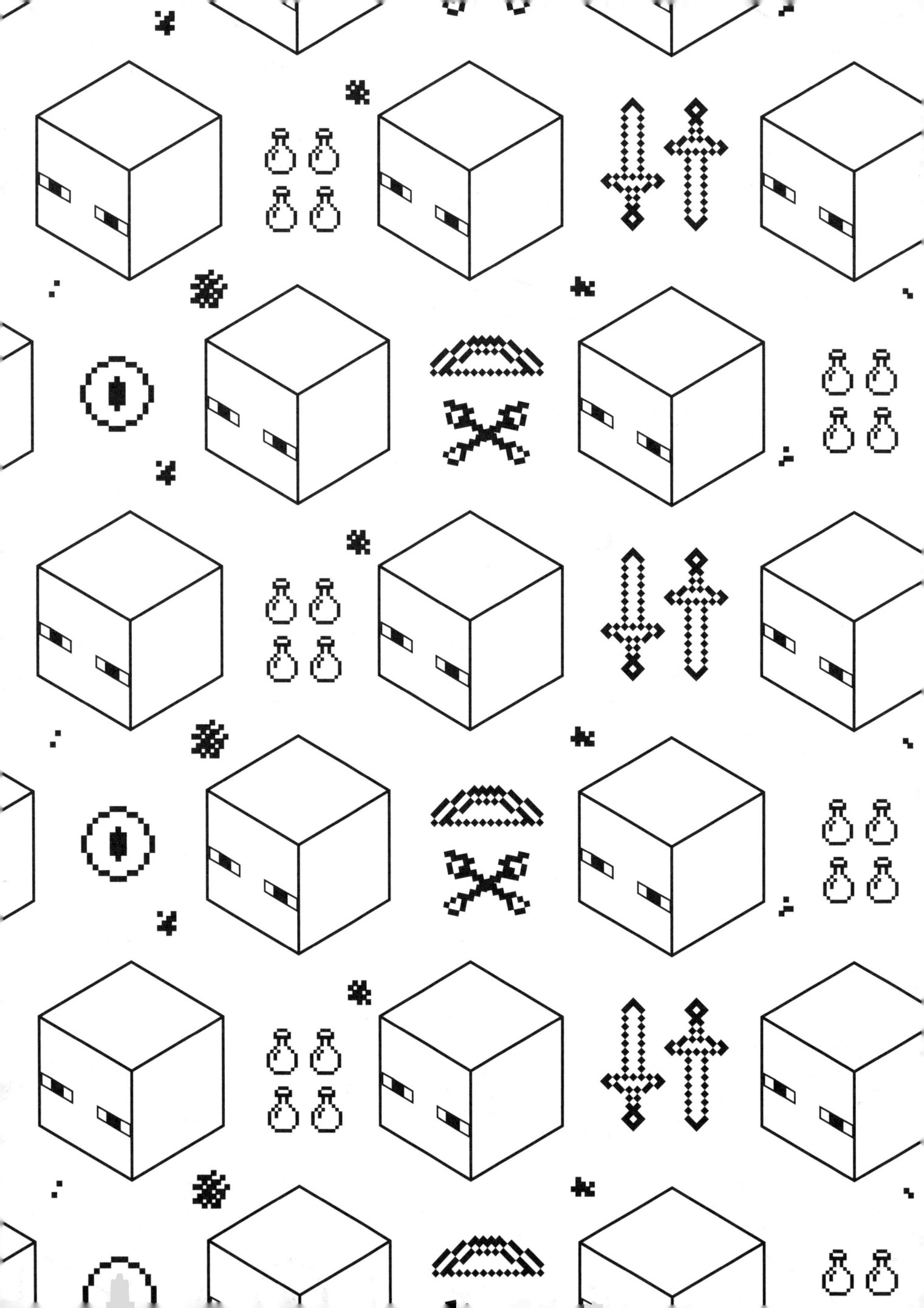